AF454469

INSTRUCTION

Pour les Commis préposés à la Perception du Droit de Controlle des Exploits.

Extrait de l'Edit en forme de Réglement, rendu le 22. Juin 1705.

OBSERVATIONS.

N°. Premier.

PAr l'Article premier de l'Edit du 22. Juin 1705, il est ordonné que tous les Exploits, à l'exception seulement de ceux qui concernent l'instruction de la Procédure, faits par Huissiers, Sergens, Archers & autres ayant pouvoir d'exploiter sans aucun excepter, seront controllés à la diligence des Huissiers, Sergens, Archers & autres qui les auront faits, dans trois jours après la datte d'iceux; ensorte qu'un

PAr cet Article tous Exploits sont assujettis au Controlle dans les trois jours qui suivent immédiatement la datte d'iceux, excepté seulement ceux qui sont faits pour l'instruction de la Procédure, desquels il sera parlé ci-après N°. XII.

Les Commis auront attention d'arrêter les Exploits qui leur seront aportés après le délai expiré; de veiller à ce que les Huissiers fassent eux mêmes controller leurs Exploits, sans souffrir qu'ils les confient aux Parties; comme aussi d'empêcher, autant qu'ils le pourront, qu'il ne soit rendu de Jugemens, Sentences, ou fait d'autres Actes en conséquence desdits Exploits, qu'ils n'ayent été préalablement controllés; & en cas de contravention de la part des Huissiers, Sergens, Juges, ou des Parties, ils en dresseront leurs Procès-Verbaux pour poursuivre les Contrevenans aux Amendes portées par le Réglement ci à côté.

A

Exploit fait le premier du mois, foit controllé au plus tard le qua-
tre dudit mois, conformément à l'Arrêt du Conſeil du 14. May
1699. nonobſtant tous les jours de Fête, & même de Dimanche,
ſans que leſdits Exploiteurs puiſſent les rendre aux Parties; à peine
de nullité deſdits Exploits, Procédures & Jugemens qui ſeront faits
en conſéquence, & de deux cens frans d'amende envers le Fermier deſdits Droits, Dommages & Intérêts des Parties, pour la pre-
miere fois, & de plus grande, même d'interdiction ou privation
de leurs Offices en cas de récidive.

Il eſt fait défenſe à tous Juges de rendre aucun Jugement ſur
leſdits Exploits, qu'il ne leur ait apparu du Controlle, aux Avocats
& Procureurs de ſe préſenter, ni faire aucune demande ſur iceux,
& aux Parties de s'en ſervir; ſous les peines ci-deſſus, ſans qu'elles
puiſſent être réputées comminatoires.

N°. I I.

L'Article II. ordonne à tous Greffiers, ſans aucun excepter, d'inſerer dans le Vû des Arrêts, Sentences & Jugemens, & au commencement des Enquêtes, Informations,
Procès-Verbaux & autres Ac-tes, la datte deſdits Exploits,
le nom de l'Huiſſier ou Ser-gent qui les aura faits, la dat-te & le lieu du Controlle; ſur
les peines ci-deſſus; & leur enjoint de communiquer au

Pour obliger les Greffiers à ſe conformer aux diſpoſitions de l'Article ci à côté, les Com-mis-Buraliſtes auront ſoin de lire exactement les Arrêts, Sentences & Jugemens, Procès-Ver-baux d'Enquêtes, Informations & autres Actes, pour connoître ſi leſdits Greffiers y ont raporté la datte des Exploits ſur leſquels leſdits Actes auront été faits, & les Jugemens rendus, le nom de l'Huiſſier qui aura exploité, la datte & le lieu du Controlle. Ils ſe tranſporteront aux mêmes fins dans les Greffes pour vérifier les Minuttes des Juge-mens, Sentences & Procès-Verbaux & autres Actes; & en cas qu'ils trouveroient des ob-miſſions de la part des Greffiers, ils en dreſſe-ront leurs Procès-Verbaux qu'ils enverront à la Direction.

Fermier des Domaines, ſes Procureurs & Commis, les Régiſtres,
Minuttes d'Actes, Dattes, Sentences, Arrêts & autres Papiers de
leur Greffe, dont ils ſeront requis; à peine de deux cens frans

d'amende, à la referve des Procédures criminelles, auparavant le Jugement diffinitif : Et pour plus grande facilité de l'exécution du préfent Article, veut & ordonne que les Avocats & Procureurs faffent mention dans la Préfentation des Caufes d'Audiance, de la datte des Exploits, du nom de l'Huiffier ou Sergent, de la datte du lieu du Controlle ; à peine de deux cens frans contre chacun des Contrevenans : Et défend aux Greffiers de recevoir lefdites Préfentations autrement, à peine de deux cens frans, qui demeurera encourruë.

L'Article III. veut pareillement que tous les Actes faits par les Notaires ou Tabellions, lefquels ils notifient ou fignifient aux Parties, foit Sommations, Proteftations, Réfignations, Prifes de Poffeffions, Oppofitions & tous autres Actes, foient controllés à la diligence defdits Notaires ou Tabellions, dans les délais ci-deffus énoncés, & fur les mêmes peines.

N°. III.

Les Notaires ou Tabellions feront obligés de faire controller les Actes énoncés dans l'Article ci à côté, dans les trois jours, de même que s'ils avoient été faits par Huiffiers ou Sergens.

Les Commis obferveront que lefdits Actes doivent être auffi controllés au Controlle des Actes des Notaires, relativement aux Articles contenus dans l'Inftruction donnée fur le Controlle des Actes des Notaires, N°. XXXI.

L'Article IV. enjoint à tous Huiffiers, Sergens, Notaires, Archers & autres, de faire controller lefdits Exploits & Actes par eux faits, au Bureau le plus proche du lieu où ils

N° IV.

Il eft effentiel d'obliger les Huiffiers & Sergens à fe renfermer dans les difpofitions de cet Article. Pour y parvenir, les Commis doivent refufer le Controlle des Exploits qui n'auront pas été faits dans le lieu de leur réfidence, ou dans l'étenduë de leur Arrondiffement.

Il eft certain qu'un Huiffier ou Sergent qui quitte le Diftrict du Bureau ou de la Jurifdi-

auront exploité, ou en celui de leur demeure, ou au Bureau de la Jurisdiction principale du reſſort du lieu où l'Exploit aura été fait, ſans que pour quelle cauſe que ce ſoit, ils puiſſent les faire controller ailleurs, ſur les peines ci-deſ-ſus; fait défenſe auſdits Huiſ-ſiers & Sergens, de les confier aux Parties pour les faire con-troller, ſous promeſſe d'in-demnité ou autrement; ſur les mêmes peines ci-deſſus, & ſans eſpérance d'aucun recours.

L'Article VI. veut que les Commis enrégiſtrent tous les Exploits & Actes qui leur ſe-ront aportés, jour par jour, ſans antidattes, & ſans laiſſer aucun blanc dans leurs Régi-ſtres: Qu'ils cotteront en tou-tes lettres & non en chiffres, le jour qu'ils controlleront, la datte de l'Exploit ou Acte, à la Requête de qui, contre qui, le lieu & demeure tant de la Partie pourſuivante, que de celle contre qui on aura ex-ploité; & feront mention de

4

ction où il eſt affecté, pour aller faire controller ſes Exploits dans un Bureau voiſin, a des rai-ſons qui ne peuvent tendre qu'à couvrir quel-ques Contraventions, ou pour éviter la mul-tiplicité des Droits réſultans de ſes Exploits, dont le Commis du Bureau de ſon reſſort au-roit connoiſſance; quòi qu'il en ſoit, les mo-tifs des Huiſſiers en pareil cas ne peuvent que préjudicier, ſoit à la Ferme, ſoit aux Parties; & c'eſt pour réprimer ces abus que par Arrêt de la Cour Souveraine du 31. Janvier 1711. il a été fait défenſe aux Huiſſiers de Nancy de faire controller leurs Exploits ailleurs qu'au Bu-reau de ladite Ville.

N°. V.

Cet Article explique clairement ce qui doit être obſervé par les Buraliſtes, tant pour les Enrégiſtremens que pour les relations qu'ils doivent mettre au pied des Exploits; au moyen de quoi ils ne devront imputer qu'à eux-mêmes les Contraventions pour leſquelles ils pourront être pourſuivis en cas d'inexécution de ce qui leur eſt preſcrit par le Réglement.

Ils ſe conformeront auſſi à l'Arrêt de la Cham-bre des Comptes de Lorraine du 29. Mai 1723, par lequel, ſur les Requiſitions de Mr. le Pro-cureur-Général, il eſt ordonné que les Com-mis au Controlle des Exploits, arrêteront leurs Régiſtres tous les ſoirs, & exprimeront le nom-bre total des Exploits qu'ils auront controllés chaque jour; & en cas qu'ils n'en auroient pas controllé, ils l'exprimeront pareillement; à peine de cent frans d'amende.

En conſéquence de cet Arrêt les Commis doivent arrêter leurs Régiſtres dans la Caze où

la qualité des Exploits ou Actes qu'ils controlleront, mettront le reçu des sommes qu'ils recevront pour lesdits Controlles au bas desdits Exploits & Actes, en toutes lettres & non en chiffres, sans qu'ils puissent controller lesdits Exploits & Actes après le délai ci-devant prescrit, leur défend de controller sur feüilles volantes ; le tout sur les peines ci-dessus pour chaque Contravention.

L'Article VII. veut que les Droits dûs pour lesdits Controlles, soient payés lorsque les Exploits seront controllés ; sauf aux Huissiers, Sergens, Archers ou autres Exploiteurs, leurs recours contre les Parties pour le recouvrement des avances qu'ils auront faites.

L'Art. VIII. veut que les Exploits qui seront faits à la Requête des Procureurs-Généraux du Roi & de leurs Substi-

blanc, qui suivra immédiatement ledit Enregistrement, en ces termes :

„ Aujourd'hui . . . . . . il a été controllé „ en ce Bureau . . . . Exploits ; & signeront.

En cas qu'il n'auroit été controllé aucun Exploit dans le jour, il en sera fait mention comme ci-après.

„ Cejourd'hui . . . . . . il n'a été aporté „ aucun Exploit à controller . . ; & signeront.

Les Commis ne se dispenseront, sous aucun prétexte, de l'exécution de ce qui leur est prescrit ci-dessus ; & ils seront prevenus par la présente Instruction ; que si aucun y contrevient, les Inspecteurs & Controlleurs-Ambulans ont des ordres très-précis de verbaliser contre eux.

Nº. V I.

Les Commis doivent faire payer sur le champ les Droits de Controlle ; & s'ils ont la facilité de faire des crédits aux Huissiers & Sergens, ils en courreront les risques ; les Ambulans n'ayant ordre de n'admettre aucune reprise.

Nº. V I I.

Les Exploits qui doivent être controllés *gratis*, sont ceux qui sont faits à la Requête de MM. les Procureurs-Généraux ou de leurs Substituts, en matiere Civile & Criminelle, où il sont seuls Parties ; c'est-à-dire, quand il n'y a point de Partie Civile ; comme aussi les Exploits dans

tuts, en qualité de leurs Offices, soient controllés *gratis*
par les Commis & Préposés
aux Bureaux des Controlles,
ausquels pour cet effet il sera
donné des Régistres séparés;
sauf ausdits Commis & Préposés d'en faire le recouvrement, au cas que les Parties
poursuivies se trouvent condamnées au Dépens.

Que néanmoins le Controlle
desdits Exploits sera payé à
l'ordinaire lorsqu'ils seront
faits à leur Requête, pour apposition ou levée du Scellé,
Création de Tutelle, Curatelle, ou autres donnés aux
Parens d'un Défunt, aux fins
de donner leurs avis ; ceux
faits contre les Sindics, Echevins ou Receveurs des Communautés & Parroisses, & autres Exploits de pareille nature.

lesquels il s'agit purement & simplement de la
Police pour le bien public en général, ou pour
l'exécution des Ordonnances Royaux.

Comme le Fermier a la faculté de recouvrer
les Droits de Controlle des Exploits dans les
affaires où les Parties pourront succomber, &
que lesdits Droits sont compris dans les Etats
des frais, & dans les Exécutoires décernés à la
Requête des Procureurs du Roi ou des Seigneurs; les Commis veilleront à la suite des
Affaires Civiles ou Criminelles qui seront in-
struites , pour être informés de l'événement,
à se faire payer les Droits de Controlle, le cas
échéant; duquel payement ils feront mention
sur le Régistre des *gratis*, à côté de chacun
des Articles recouvrés, en observant de datter
le jour que le payement leur aura été fait, qui
se relatera aux Quittances qu'ils auront données , soit au Procureur du Roi ou aux Parties.

Ils représenteront le Régistre des Gruiers
aux Controlleurs-Ambulans à chacun de leurs
passages, pour faire la vérification & le relevé
des Droits de Controlle recouvrés dans chaque
Quartier ; lesquels Droits seront portés dans
le Comptereau par un Article séparé.

Ils observeront que dans les Exploits pour
lesquels le *gratis* est accordé, ne sont point
compris ceux faits pour apposition ou levée de
Scellé, Création de Tutelle, Curatelle ou autres significations faites aux Parens d'un Défunt, aux fins de donner leurs avis, non-plus
que ceux faits contre les Sindics, Echevins ou
Receveurs des Communautés & Parroisses, &
autres de cette nature, qui, quoique faits à la
Requête des Procureurs du Roi ou des Seigneurs , doivent payer le Droit de Controlle
sur le champ.

N°. VIII.

Par l'Article IX. il est voulu que tous les differends qui

Cet Article concerne l'attribution de Jurisdiction, en conséquence duquel toutes les Contraventions & Contestations doivent être portées

pourront furvenir pour raifon de la perception defdits
Droits , ou pour les contraventions à la préfente Ordonnance , à moins qu'elles ne
foient incidentes aux Procès
pendans & indécis pardevant
les Juges ordinaires des lieux ,
foient réglées & jugées à la
Chambre des Comptes de
Lorraine pour tous les lieux
de fon Reffort : Et pour ce
qui regarde le Duché de Bar,
pardevant les Prevôts & Juges des Bailliages ; fauf l'Appel pardevant les Juges qui en
doivent connoître.

Par l'Article X. il eft voulu ,
en conformité de l'Arrêt du
Confeil du 14. May 1699,
qu'il ne foit payé qu'un Droit
de Controlle pour un Exploit,
par lequel plufieurs Affociés,
Parens ou Héritiers auront
été affignés pour un même
fait , aux mêmes fins & dans
un même jour.

à la Chambre des Comptes de Lorraine , pour
ce qui regardera le Duché de Lorraine ; & de-
vant les Prevôts & Juges des Bailliages du Bar-
rois , pour ce qui concernera le Duché de Bar ;
fauf l'Apel pardevant les Juges qui en doivent
connoître ; c'eft-à-dire , au Bailliage de Bar.

L'exception renfermée dans l'Article cy à côté
pour les Contraventions ou Conteftations incidentes aux Procès , dont la connoiffance eft con-
fervée aux Juges Ordinaires des Lieux , fuppofé
que fi dans le cours de la Procédure un Inf-
pecteur , Controlleur-Ambulant , ou Commis-
Buralifte reconnoit une Contravention commi-
fe , foit pour défaut de Controlle d'un Exploit
ou autrement , dont il ne peut pas faifir les piéces
fans interrompre la Procédure ; alors il fait re-
quérir qu'il lui foit donné Acte de la demande
qu'il forme au nom du Fermier , à ce que les
Parties Contrevenantes foient condamnées aux
Amendes encouruës pour raifon des Contraventions commifes ; & le Juge doit prononcer
fur la demande du Fermier.

<h2 style="text-align:center">N°. I X.</h2>

Cet Article parle feulement des Demandes
introductives , comme Affignation donnée à
des Enfans ou Héritiers à la Requête d'un
Créancier de leur Pere , Mere ou Parent , pour
les faire condamner chacun pour leur part , &
hypothécairement pour le tout au payement
d'une dette ; alors il n'eft dû qu'un feul Droit ;
de même pour les Exploits donnés à des Affociés dans un feul Traité , ou à des Particuliers
obligés folidairement.

Les Commis se conformeront à la disposition de l'Article cy-contre pour la multiplicité
des Droits, dans le cas où elle doit avoir lieu.

L'Article XI. veut néan-
moins & ordonne qu'il soit
payé autant de Droits de Con-
trolle qu'il y aura de personnes assignées par un même Exploit,
pour differens intérêts & à differentes fins, ou quand les Assignations seront données à differens jours, quand ce seroit pour un
même fait; ordonne à cet effet que les Droits seront enrégistrés
dans autant d'articles qu'il y aura de Particuliers dénommés, & le
reçu mis par le Commis au bas de l'Exploit, suivant qu'il est dit
cy-devant.

Lorsque les Commis trouveront le mot de
Consors dans les Exploits qui leur seront aportés, ils obligeront les Huissiers ou Sergens de
dénommer toutes les Parties intéressées, com-
prises sous le terme de Consors, & se conformeront au surplus à la disposition de l'Article
cy à côté.

L'Article XII. fait défense
à tous Huissiers, Sergens, Archers, ou autres ayant pouvoir d'exploiter, d'inserer dans
leurs Exploits le mot de Consors; veut que conformément
à la disposition des Articles II. & IV. du Titre I. de l'Ordonnance
du mois de Juillet 1701. tous les Particuliers qui auront un intérêt commun, soient tous dénommés par leurs noms & surnoms
dans leurs Exploits; sinon qu'il soit payé un double Droit lorsque
le mot de Consors y sera inseré.

L'exception portée par cet Article pour-
roit faire penser aux Commis Buralistes que
tous les Exploits de Significations faits au
Domicile des Avocats & Procureurs, sont
exempts du Controlle, par l'attention que
ces derniers auroient de dire que les Exploits
faits de Procureur à Procureur ne concernent
que l'instruction de la Procédure; ce seroit une
erreur, puisque par la disposition des Régle-

Par l'Article XIII. il est
voulu que tous les Exploits
d'Assignations, Saisies, Exécutions, Arrêts, & générale-
ment tous les Exploits faits
à Partie ou Domicile élû,

autres

autres que des Avocats & Procureurs pour l'inſtruction des Procédures, ſoient controllés, & le Droit payé dans les délais mentionnés ci - deſſus.

mens en général il en réſulte que tous Exploits indiſtinctement, autres que ceux de Significations ſimples, & Actes d'inſtructions de Procédures doivent être controllés & les Droits payés, ſoit que leſdits Actes ſoient ſignifiés à Partie, même au Domicile des Avocats. Tels ſont les Exploits d'Aſſignations données aux Parties aux Domiciles des Avocats & Procureurs pour convenir d'Experts, leur voir prêter ſerment, être préſens aux Viſites & Eſtimations, & voir jurer les Témoins, conformément à l'Arrêt du Conſeil du 18. May 1734.

Ceux contenant Offres réelles, Notifications, Significations d'oppoſitions aux Criées, ſoit afin de nullité, de Diſtraction, de Collocations, de Charges, & de conſervations, & en déclaration d'Hypothéque portée en l'Article XV. du Titre XVIII. de l'Ordonnance Civile de 1707, dont les Significations doivent être faites non-ſeulement à la Partie, mais encore au Commiſſaire aux Saiſies Réelles, & au Pourſuivant, celles faites à Arrêts, Jugemens & Commandemens.

Les Actes contenans des Concluſions par nouvelles demandes, celles incidentes, en entérinemens de Lettres Royaux, qui ſans l'inſtance liée auroient été formées par Requête, & genéralement toutes autres demandes pour la déciſion deſquelles les Juges ont droit de prendre le Siége à la Barre ou à l'Audiance.

Les Actes ſimples qui concernent uniquement l'inſtruction de la Procédure, pour leſquels le miniſtére de la Partie n'eſt pas néceſſaire, ſont les Significations qui ſe font de Procureur à Procureur, tels que les Répliques, communication de Piéces, les Avenirs pour plaider, autant qu'ils ne contiennent pas des Concluſions préciſes, les Sommations de produire, contredire, & communiquer, & autres Actes pour parvenir au Jugement, au bas deſquels les Huiſſiers ne mettent que de ſimples Significations en deux mots; mais pour les autres Significations, quoique faites de Procureur à Procureur, elles ſont aſſujetties au Controlle, ainſi qu'il eſt porté à l'Article cy-deſſus.

N°. XIII.

L'Article XIV. fait défenſe à toutes perſonnes de s'immiſcer de controller, ſinon en vertu d'une Procuration ou Commiſſion du Fermier

Les Commis ne doivent pas ſouffrir qu'aucuns Etrangers, non plus que leurs Femmes ni leurs Enfans, conttollent pour eux; & en cas d'abſence ou maladie, ils obſerveront ce qui eſt preſcrit par l'Article cy à côté, ſous les peines y contenuës.

deſdits Droits, après le ſerment prêté, ſous peine de deux cens frans d'amende, pareille ſomme de Dommages & Intérêts au profit du Fermier deſdits Droits, & punition corporelle, ſinon en cas d'abſence ou maladie; auquel cas le Commis prépoſé par le Fermier

B

pourra commettre à sa place un homme capable pour controller, dont il demeurera responsable, & dont il donnera avis au Juge du lieu de sa résidence.

N°. X I V.

L'Article XVI. pour empê-
cher les difficultez qui pour-
roient survenir entre les Huissiers, Sergens, & autres ayant pouvoir d'exploiter, & le Fermier desdits Droits, ses Procureurs,
Commis & Préposés, pour raison de la multiplicité desdits Controlles, ordonne que lesdits Droits en soient payés pour tous les
Exploits & Actes cy-après; sauf en cas qu'il trouve quelque sorte
d'Exploits qui ne soient pas compris au présent Réglement, d'en
percevoir les Droits comme du passé.

Voyez cy-devant le N°. XII.

S ç a v o i r :

Les Adjournemens, Assi-
gnations, Réadjournemens
pardevant les Cours Souve-
raines, Chambre des Com-
ptes, Bailliages, Sénéchauf-
sées, Prevôtés, Gruries, Justices des Salines, & toutes autres Justices tant des Seigneurs
que Communautés, Corps
des Marchands, & autres
gens de Métier ou Profes-
sion, sans en excepter, qui
seront donnés par écrit par
tous Huissiers, Sergens, Archers & autres ayant pouvoir
d'exploiter tant en matiére civile que criminelle.

N° X V.

Les Commis observeront de bien prendre
garde à la multiplicité des Droits; à cet effet
ils liront exactement les Requêtes & Procès-
Verbaux, ou autres Piéces, en conséquence des-
quelles les Exploits d'Adjournemens, Assignations & Réadjournemens seront faits, afin de
bien connoître le nombre des Parties.

Ils auront sur-tout grand soin de ne pas s'en
raporter à la diction des Huissiers & Sergens;
mais de prendre eux-mêmes lecture des Actes:
C'est ce qu'on ne sçauroit trop leur recom-
mander.

Plusieurs Commis ont dans l'idée qu'un Exploit signifié à plusieurs Particuliers au domicile d'un seul pour tous, n'opére qu'un Droit
de Controlle, sous prétexte qu'il n'y a qu'une
Copie donnée; mais c'est une erreur très-pré-
judiciable, ce n'est pas le nombre des Co-
pies qui doit régler celui des Droits; les Huissiers & Sergens plus attentifs à leur intérêt,
ou à celui des Parties, qu'à payer exactement
les Droits dûs, trouverroient facilement le
moyen de les éluder, en ne faisant paroître

dans leurs Exploits Originaux qu'une feule Copie donnée à plufieurs Particuliers non Affociés ni Solidaires, & ayant différens intérêts; & c'eft ici l'occafion de faire fentir la néceffité de lire tous les Actes en vertu defquels les Exploits feront faits, pour percevoir autant de Droits qu'il y aura de Parties en Caufe, ayant des intérêts différens ou à différentes fins, encore qu'il n'ait été laiffé qu'une feule Copie pour toutes.

Nº. XVI.

Interventions. . . . . { Autant de Droits qu'il y a d'Intervenans ou de Parties en Caufe, ayant des intérêts différens ou à différentes fins.

Nº. XVII.

Anticipations. . . . . { IDEM. Autant de Droits qu'il y aura de Parties en Caufe, ayant des intérêts différens ou à différentes fins.

Prifes à Parties de Juges. . { Un feul Droit.

Renvoys. . . . .
Réglemens de Juges. . . { IDEM.

Nº. XVIII.

Les Exploits d'Ajournemens pour cuïr, recoller & confronter les Témoins. { Les Affignations données à plufieurs Témoins par un même Huiffier, par le même Exploit & dans le même jour, ne doivent qu'un feul Droit de Controlle.

Il eft dû un fecond Droit pour l'Affignation donnée à la Partie, pour voir jurer les Témoins; & s'il y a plufieurs Parties affignées, il faut faire payer autant de Droits qu'il y aura de Parties.

La même chofe doit être obfervée pour les Affignations données aux Témoins, à l'effet d'être recollés & confrontés.

Nº. XIX.

Compulfoirs. . . . . . . { Si le Compulfoir eft requis par plufieurs perfonnes ayant différens intérêts, concluant à différentes fins, ou qu'en vertu d'icelui il foit donné Affignation à plufieurs Particuliers dans le même cas, pour être préfens à la repréfentation des Piéces à compulfer, il fera dû autant de Droits qu'il y aura de perfonnes affignées.

N°. X X.

Pour nomination de Tuteur & Curateur. — Il n'est dû qu'un seul Droit de Controlle lorsque les Parens, en quelque nombre qu'ils puissent être, sont assignés pour un seul Exploit.

N°. X X I.

Pour avis de Parens. . . . — Il n'est dû qu'un seul Droit lorsque l'Assignation est donnée par un même Exploit, & dans un même jour.

N°. X X I I.

Les Assignations sur Défaut. — Il est dû autant de Droits qu'il y aura de Parties en Cause, ayant des intérêts différens ou à différentes fins.

N°. X X I I I.

Les Exploits & Actes de Sommations, Déclarations, Protestations & Empêchemens. — IDEM. Si elles sont faites par Notaires ou Tabellions, elles doivent être enrégistrées au Controlle des Exploits & au Controlle des Actes des Notaires, suivant qu'il est porté dans l'Instruction sur le Controlle des Actes des Notaires.

N°. X X I V.

Protests de Lettres de Change. — Il est dû un seul Droit pour le Protêt, & un autre lorsqu'il y a Dénonciation ; & s'ils sont faits par Notaires, ils doivent être enrégistrés au Controlle des Exploits & au Controlle des Actes, & payer les deux Droits différens.

N°. X X V.

Offre de désistement. . . Renonciations, ... — Il est dû autant de Droits qu'il y a de Parties, parce qu'en ces matieres tout est personnel.

N°. X X V I.

Et autres Actes qui ne sont faits pour l'instruction de la Procédure. — Il a été ci-devant parlé des Actes qui concernent uniquement l'Instruction de la Procédure au N°. XII.

13

N°. XXXVII.

Les Exploits de Significa-tions. { Il eſt dû autant de Droits qu'il y aura de Parties en Cauſe, ayant differens intérêts ou à differentes fins.

N°. XXXVIII.

Dénonciations. . . . . . { I D E M.

N°. XXIX.

Commandemens itératifs. { Si l'itératif commandement eſt enſuite d'une Saiſie de Meuble, précédemment faite avec éta-bliſſement de Commiſſaire, il eſt dû un ſecond Droit pour le commandement fait au Dépoſi-taire de repréſenter les Meubles ſaiſis.

N°. XXX.

Empriſonnemens. . . . . { Il eſt dû un Droit pour la conſtitution de Priſonniers, & un ſecond pour l'Ecrou ou Co-pie donnée au Geolier.

N°. XXXI.

Recommandations. . . . { Il eſt auſſi dû deux Droits, l'un pour la Recommandation, & l'autre pour la Dénon-ciation au Priſonnier, lorſqu'elle eſt faite.

N°. XXXII.

Exécutions. . . . . { Lorſque par les Procès-Verbaux de Saiſie de Meubles & Effets, il eſt établi un Dépoſitaire, autre que la Partie ſaiſie, il eſt dû deux Droits; le premier pour la Saiſie, & le ſecond pour l'établiſſement de Commiſſaire.

N°. XXXIII.

Ventes. . . . . { Il eſt dû un Droit pour la ſignification de Vente faite à la Partie, & un ſecond pour le commandement fait ou Dépoſitaire de repré-ſenter les Meubles lorſqu'il y en a un d'établi; & le Procès-Verbal de Vente ſera controllé comme par le paſſé.

No. XXXIV.

Saifies & arrêts. . . . . . . { Lorfque c'eſt de fruits pendans par racines, ils eſt dû un Droit pour la Saiſie, avec établiſſement de Commiſſaire, & un ſecond pour la dénonciation faite à la Partie ſaiſie.

No. XXXV.

Oppoſitions pour quelque cauſe que ce ſoit. {

Les oppoſitions aux Saiſies Réelles & Criées ſont ſujettes au Controlle, de même que celles faites aux Saiſies & Ventes de Meubles.

Il eſt dû un Droit pour la dénonciation faite à la Partie ſaiſie, & un autre pour la Signification faite aux Créanciers pourſuivans le Décrêt.

No. XXXVI.

Main-levée. . . . . { Il eſt dû autant de Droits qu'il y a de Parties, auſquelles les Mains-levées ſont notifiées.

N°. XXXVII.

Conſentement. . . . . . . { IDEM.

No. XXXVIII.

Séqueſtre. . . . . { Il eſt dû un Droit pour l'établiſſement du Commiſſaire Séqueſtre, & un ſecond pour la notification à la Partie, ſi elle eſt faite.

N°. XXXIX.

Saiſie féodale & réelle. . .
Significations d'icelles. . .

Criées & appoſitions d'Affiches. {

Il eſt dû un Droit pour la Saiſie-Réelle ſignifiée à la Partie, & pour l'établiſſement du Commiſſaire ou Gardien.

Si il eſt fait pluſieurs Affiches en différens lieux, & qu'il en ſoit dreſſé des Actes ſéparés, il ſera dû autant de Droits qu'il y aura de Procès-Verbaux d'affiches.

Les Exploits faits à la Requête des Fermiers & Sous-Fer-
miers des Droits du Roi, pour
le recouvrement de ſes Domaines, ſans aucun excepter.

Nᵒ. X L.

Il eſt dû autant de Droits qu'il y a de perſonnes pourſuivies au payement des Cens,
Rentes ou autres choſes répétées, quand ils
ne ſont ni ſolidaires ni Aſſociés.

Les Aſſignations données au
Domicile des Curateurs en
Titre, ou par Commiſſion.

Nᵉ. X L I.

Les Commis ſe conformeront à la diſpoſi-
tion de cet Article.

Les Repriſes d'Inſtance ou
Conſtitution de Procureurs &
Avocats.

Nᵒ. X L I I.

Si les repriſes d'inſtances ſont faites par des
Enfans ou Héritiers, il ne ſera dû qu'un ſeul
Droit, à moins qu'il n'y ait pluſieurs Défen-
deurs ayant pluſieurs intérêts.

Les Aſſignations données
par Affiches aux Inconnus.

Nᵉ. X L I I I.

Il eſt dû autant de Droits qu'il y aura de Parties aſſignées ayant différens intérêts.

Les Aſſignations données ſur
les Interventions.

Nᵒ. X L I V.

I D E M.

Les Sommations faites aux
Juges de juger.

Nᵉ. X L V.

Les Commis ſe conformeront à la diſpoſi-
tion de cet Article.

Les Priſes de Poſſeſſion.

Nᵒ. X L V I.

A obſerver que dans les cas où leſdits Actes
feront reçus par Notaires, ils doivent être controllés & enrégiſtrés au Controlle des Actes des
Notaires, & aux Exploits, ſuivant les Réglemens, lorſqu'il y aura dénonciation faite par
leſdits Notaires aux Parties qui pourroient avoir
proteſté.

Les Oppositions formées à l'établissement d'un Commissaire ou Gardien, ensemble les Assignations données ausdits Commissaires & Gardiens.

N°. XLVII.

Les Commis se conformeront à la disposition de cet Article.

Les Exploits faits à la Requête des Tuteurs, Curateurs, des Procureurs du Roi, ou de ceux des Seigneurs, pour apposer les Scellés.

N°. XLVIII.

Il n'est dû qu'un seul Droit.

N°. XLIX.

Les Significations d'Actes d'Appel faites à Parties.

Il est dû autant de Droits qu'il y aura de Parties en Cause ayant differens intérêts ou à differentes fins ; il en est de même des dépôts ou désistemens d'Appel.

N°. L.

Les Assignations donnés à Parties pour voir declarer l'Apel péri.

Se conformer audit Article.

N°. LI.

Les Significations de déclarations, Taxes de Dépens, ou offres faites à Parties pour lesdits Dépens.

Il est dû autant de Droits qu'il y a de Parties en cause ayant differens intérêts.

N°. LII.

Les Significations faites à Parties des oppositions aux Arrêts & Jugemens.

Le Droit est dû si les oppositions sont signifiées au Procureur comme domicile élû, ces Actes ne pouvant être regardés comme Instructions, mais comme nouvelle Demande hors la Procédure.

Les

Les Affignations données au Tiers-faifi pour donner des moyens de nullité.

Nᵒ. L I I I.

Il fera dû autant de Droits qu'il y aura de Parties affignées.

Les Publications & Affiches d'Encheres de Biens faifis.

Nᵒ. L I V.

Il en a été parlé ci-devant à l'Article des Saifies féodales & réélles, Nᵒ. X X X I X.

Les Publications de tous Actes faits par ordre de Juftice.

Nᵒ. L V.

Lorfque les Publications feront faites dans un même Procès-Verbal & même jour, il ne fera dû qu'un Droit de Controlle ; mais s'il y a plufieurs Proces-Verbaux , il fera dû autant de Droits qu'il y aura de Publications.

Les Significations faites à Parties d'Exécutoires de Dé-pens , Sentences ou Juge-mens.

Nᵒ. L V I.

Autant de Droits qu'il y aura de Parties en caufe , ayant des intérêts differens & perfon-nels.

Et les Droits pour lefdits Controlles payés à raifon de fix fols pour chacun Droit, ainfi que cy-devant.

Nᵒ. L V I I.

Par Edit du 4. Avril 1721. & Tarif arrêté en conféquence, le Droit de Controlle des Ex-ploits a été fixé à fept fols.

OBSERVATIONS GENERALES.

LEs Commis ne controlleront aucun Exploit après le délai de trois jours; & lors qu'il leur en fera apporté hors de la datte prefcrite , il les arrêteront par un Acte qu'ils drefferont au pied defdits Exploits en cette forme :

Aujourd'hui . . . . *173* . . . *le Préfent Exploit a été apporté au Bureau de . . . . par . . . . . . lequel Exploit a été retenu par moi . . . . . . Controlleur audit Bureau soussigné, pour raison de la Contravention commise par { Huissier ou Sergent } à . . . . . faute de l'avoir fait controller dans le tems porté par les Réglemens; & ai sommé ledit . . . . de signer avec moi, ce qu'il a { accepté ou refusé } à . . . . ledit jour.*

Ils auront une attention singuliere à lire toutes les Requêtes, les Exploits libellés & autres Piéces, pour voir s'ils ne sont pas faits en conséquence de sous-seings privés, ou d'Actes passés hors des Etats; de vérifier si lesdits Actes auront été préalablement controllés, & les Droits payés ; & si les Procureurs & Huissiers sont exacts à rapporter la relation du Controlle d'iceux, dans leurs Requêtes ou Exploits libellés; & les Greffiers dans les Arrêts, Jugemens & Sentences : En cas de contravention de la part de l'un ou de l'autre, soit pour défaut de Controlle, soit pour avoir obmis d'en faire l'énonciation, ils arrêteront les Requêtes, Exploits ou autres Piéces sur lesquels ils dresseront un Acte de retenuë dans la forme cy-devant établie, en observant d'y expliquer les causes & la matiere de la Contravention; il conviendra aussi de datter, autant qu'il sera possible, le Réglement auquel il aura été contrevenu.

Les Employés principaux & Buralistes se conformeront à la présente Instruction, sans pouvoir s'en dispenser pour quelque cause & raison que ce puisse être; & fourniront à cet effet leur Soumission au pied de Copie d'icelle.

Vû. Permis d'imprimer, à Lunéville le 26 Octobre 1758.
PROTIN DE VULMONT.

A NANCY, De l'Imprimerie de PIERRE ANTOINE.